AF589673

MINISTÈRE DE LA GUERRE

DÉCRETS
SUR L'ORGANISATION
DE L'ÉCOLE MILITAIRE
D'INFANTERIE

INSTRUCTIONS ET PROGRAMMES
POUR L'ADMISSION
DES SOUS-OFFICIERS
A CETTE ÉCOLE

(Texte officiel mis au courant de la législation jusqu'au 24 février 1889).

PARIS
11, Place Saint-André-des-Arts

LIMOGES
46, Nouvelle route d'Aixe, 46

HENRI CHARLES-LAVAUZELLE
Editeur militaire

1889

TABLE DES MATIÈRES

Pages.

Décret portant règlement sur l'organisation de l'Ecole militaire d'infanterie (modifié par les décrets des 19 juin 1886, 11 octobre 1886 et 8 septembre 1888).

Paris, le 22 mars 1883.

LE PRÉSIDENT DE LA RÉPUBLIQUE FRANÇAISE,

Vu les décrets des 4 février 1881, 18 janvier et 1er décembre 1882 ;

Considérant qu'il importe d'apporter à l'organisation de l'Ecole militaire d'infanterie les modifications que l'expérience a rendues nécessaires et de mettre, notamment, l'effectif du cadre de cette école en harmonie avec l'effectif actuel des élèves ;

Sur le rapport du Ministre de la guerre,

Décrète :

TITRE Ier.

BUT DE L'INSTITUTION DE L'ÉCOLE MILITAIRE D'INFANTERIE.

Son recrutement.

Art. 1er (*modifié par décret du 11 octobre 1886*). — L'Ecole militaire d'infanterie instituée à Saint-Maixent a pour but de compléter l'instruction militaire des sous-officiers de cette arme jugés susceptibles d'être nommés sous-lieutenants.

Les sous-officiers des sections d'infirmiers, de commis et ouvriers d'administration, de secrétaires d'état major et du recrutement, concourent avec les sous-officiers des corps de troupe d'infanterie pour l'admission à l'école militaire de Saint-Maixent.

En temps de paix, nul sous-officier ne pourra être promu sous-lieutenant au titre français, s'il n'a suivi, avec succès, les cours de cette école.

Art. 2. Indépendamment des sous-officiers de l'armée de terre régulièrement désignés, l'Ecole peut recevoir, sur la demande du Ministre de la marine, des sous-officiers des régiments d'infanterie de marine.

Conditions d'admission.

Art. 3 (*modifié par décret du 19 juin 1886*). — *Nul sous-officier ne pourra être admis à subir les examens d'admission à l'Ecole militaire d'infanterie :*

1° *S'il n'a deux années de grade de sous-officier au 31 décembre de l'année de la proposition ;*

2° *S'il ne produit un certificat d'instruction militaire délivré par une commission, dont la composition sera fixée par un règlement ministériel, qui déterminera les dispositions de détail relatives à l'admission des élèves.*

Désignation par le Ministre du nombre des élèves admis.

Art. 4. Le Ministre fixe, chaque année, suivant les besoins du service, le nombre des élèves à admettre à l'Ecole.

Rang, tenue, armement et équipement des élèves de l'Ecole.

Art. 5. Les sous-officiers ainsi désignés prennent la dénomination de sous-officiers élèves-officiers ; ils sont remplacés dans les emplois spéciaux (adjudant, sergent-major, sergent fourrier) dont ils peuvent être pourvus dans leur corps, et placés comme sergents dans une compagnie ; ils peuvent même être mis hors cadre, sur l'ordre du Ministre.

Les sous-officiers élèves-officiers reçoivent tous la tenue, l'armement et l'équipement des sergents de l'infanterie de ligne, sauf des signes distinctifs déterminés par règlement ministériel.

Les sous-officiers élèves-officiers doivent le salut aux officiers ; ils y ont droit de la part des sergents majors, sergents fourriers, sergents, caporaux et soldats.

TITRE II.

PERSONNEL DE L'ÉCOLE. — PERSONNEL DES CADRES DE L'ÉCOLE.

Art. 6. *Modifié par le décret du* 8 *septembre* 1888. — La direction de l'Ecole est confiée à un colonel ou à un lieutenant-colonel d'infanterie. Il a sous ses ordres un chef de bataillon commandant en second.

L'autorité du commandant de l'Ecole s'étend sur toutes les parties du service, de l'instruction et de l'administration.

Le commandant de l'Ecole est sous les ordres directs du Ministre de la guerre.

Le commandant en second est chargé, sous les ordres du commandant de l'Ecole, de toutes les parties du service; il remplit les fonctions de directeur des études.

Des capitaines instructeurs sont chargés de l'instruction théorique et pratique, de la tenue et de la discipline; ils ont sous leurs ordres des lieutenants instructeurs (1).

Des capitaines professeurs, aidés par des lieutenants professeurs adjoints, et au besoin par des lieutenants instructeurs, professent les cours, et sont, en outre, chargés des répétitions, des interrogations, de la correction des travaux et de l'instruction pratique des cours qui leur sont confiés.

Le capitaine professeur du cours d'administration remplit les fonctions de major.

---

(1) Le Ministre a décidé que, par analogie avec les dispositions concernant le recrutement des officiers de l'Ecole spéciale militaire, les emplois de capitaine et de lieutenant, dans le cadre de l'Ecole militaire d'infanterie, ne devront, désormais, être attribués qu'à des capitaines justifiant de trois années d'ancienneté de grade au moment de leur nomination à cette Ecole, et à des lieutenants ayant deux années d'ancienneté. (Note ministérielle du 24 novembre 1887.)

Un capitaine en 2e de cavalerie dirige les exercices d'équitation.

Deux lieutenants remplissent les fonctions de trésorier et d'officier comptable du matériel.

Un médecin-major de 2e classe est chargé du service sanitaire de l'Ecole et professe le cours d'hygiène.

Un personnel secondaire, composé de sous-officiers, de caporaux et de soldats, est employé, soit à l'instruction militaire des élèves, soit à la tenue des écritures et aux divers services intérieurs de l'Ecole. Sa composition est déterminée par le tableau B annexé au présent décret. Ce personnel est mis hors cadre, conformément à l'article 28 de la loi du 13 mars 1875, modifiée par celle du 15 décembre 1875.

Un détachement de la 5e compagnie de cavaliers de remonte est affecté au service de l'Ecole ; sa composition est déterminée par le tableau C annexé au présent décret.

Tout le personnel (officiers et troupe) est nommé par le Ministre.

TITRE III.

ENSEIGNEMENT. — PROGRAMMES.

Art. 7. Les sous-officiers élèves-officiers reçoivent à l'Ecole une instruction générale et une instruction militaire.

La première a pour but de développer les connaissances générales qu'ils possèdent déjà, de façon à leur donner la culture intellectuelle indispensable à tout officier.

L'instruction militaire est dirigée de façon à

leur faire acquérir l'aptitude professionnelle nécessaire pour bien remplir les fonctions d'officier de compagnie. Cette instruction est à la fois théorique et pratique.

L'instruction pratique comprend, en dehors des manœuvres de l'infanterie et du tir, la manœuvre des bouches à feu, l'équitation, l'escrime et la gymnastique.

Les programmes de l'enseignement de l'Ecole militaire d'infanterie sont arrêtés par le Ministre.

Conseil d'instruction.

Art. 8. Il est constitué, à l'Ecole, un conseil d'instruction composé ainsi qu'il suit :

Le commandant de l'Ecole, *président*;

Le commandant en second, directeur des études	*membres.*
Le plus ancien capitaine instructeur	
Les deux capitaines professeurs les plus anciens	

Ce conseil est appelé à émettre des avis sur tout ce qui concerne les méthodes d'instruction et le service intérieur de l'Ecole ; il provoque les améliorations lui paraissant utiles, et propose les modifications à apporter aux programmes d'admission, d'enseignement et de sortie.

Durée des cours.

Art. 9. L'ouverture des cours a lieu, chaque année, dans la deuxième quinzaine d'avril ; leur clôture, au commencement de mars de l'année suivante.

TITRE IV.

RÉGIME. — POLICE. — DISCIPLINE.

Régime.

Art. 10. Sous le rapport de la police et de la discipline, l'Ecole est soumise au même régime que les corps d'infanterie, sauf les dispositions spéciales que déterminera le règlement ministériel à intervenir sur le service intérieur de l'Ecole.

Conseil de discipline.

Art. 11. Un conseil de discipline est institué pour se prononcer sur le compte des élèves qui, par des fautes graves, ou par leur inconduite habituelle, se mettraient dans le cas d'être exclus de l'Ecole.

Le conseil de discipline est composé de cinq membres, savoir :

Le commandant de l'Ecole, *président;*

Le commandant en second . . .	*membres.*
Un capitaine instructeur	
Le capitaine professeur le plus ancien	
Le lieutenant professeur adjoint le plus ancien	

L'exclusion est prononcée par le Ministre, sur la proposition du conseil de discipline.

Le sous-officier élève-officier dont l'exclusion est prononcée est immédiatement dirigé sur un corps.

TITRE V.

ADMINISTRATION ET COMPTABILITÉ DE L'ÉCOLE.

Conseil d'administration.

Art. 12. L'Ecole est administrée par un conseil composé ainsi qu'il suit :

Le commandant de l'Ecole, président ;
Le commandant en second ;
Le capitaine professeur d'administration faisant fonctions de major, rapporteur ;
Un capitaine instructeur renouvelé tous les ans ;
Le capitaine en 2e d'équitation ;
Le lieutenant trésorier ;
Le lieutenant officier comptable du matériel.

Mode d'administration.

Art. 13. Le mode d'administration et de comptabilité de l'Ecole est celui que détermine le décret du 30 mai 1875.

Les officiers du cadre reçoivent les allocations en deniers prévues par les tarifs du 31 décembre 1878, et les hommes de troupe du cadre, celles prévues par les tarifs du 25 décembre 1875.

Les sous-officiers élèves-officiers reçoivent une solde unique fixée à un franc soixante centimes (1 fr. 60) par jour.

TITRE VI.

EXAMENS DE SORTIE. — CLASSEMENT.

Examens de fin d'année.

Art. 14. A la fin de chaque année d'études, les sous-officiers élèves-officiers subissent, devant un jury dont la composition est fixée par le Ministre, des examens de sortie.

Classement par ordre de mérite.

Art. 15. Le conseil d'instruction établit le classement des élèves par ordre de mérite, d'après les résultats de ces examens et les notes de l'année.

Elèves ayant satisfait aux examens de sortie.

Art. 16. Tous les sous-officiers élèves-officiers qui ont satisfait aux examens de sortie sont immédiatement promus sous-lieutenants dans un des corps de l'arme de l'infanterie.

Le numéro dans le classement de sortie détermine leur rang d'ancienneté dans le grade de sous-lieutenant et l'ordre dans lequel ils indiquent le corps auquel ils désirent être affectés.

Elèves n'ayant pas satisfait aux examens de sortie.

Art. 17. Les sous-officiers élèves-officiers qui n'ont pas satisfait aux épreuves de sortie sont renvoyés dans un corps et pourvus du grade et de l'emploi qu'ils avaient avant leur entrée à l'École. Ceux d'entre eux qui auraient eu une interruption forcée de travail de plus de trente jours consécutifs peuvent être autorisés, par le Ministre de la guerre, à titre exceptionnel et sur la proposition du conseil d'instruction, à faire une deuxième année d'études.

TITRE VII.

DISPOSITIONS GÉNÉRALES.

Art. 18. Un règlement ministériel détermine les dispositions de détail que comportent l'admission des élèves, le service intérieur de l'établissement, la marche de l'instruction et le classement de sortie de l'Ecole militaire d'infanterie.

Art. 19. Toutes les dispositions contraires au présent décret sont et demeurent abrogées.

Art. 20. Le Ministre de la guerre est chargé de l'exécution du présent décret.

Fait à Paris, le 22 mars 1883.

Signé : JULES GRÉVY.

Par le Président de la République :

Le Ministre de la guerre,

Signé : THIBAUDIN.

TABLEAUX

FIXANT LA COMPOSITION DU PERSONNEL DE L'ÉCOLE.

TABLEAU A.

Modifié par décret du 8 septembre 1888.

OFFICIERS.

Colonel ou lieutenant-colonel commandant l'Ecole		1
Chef de bataillon commandant en second		1
Capitaines	instructeurs	5
	professeurs	5
Lieutenants	instructeurs	7
	professeurs adjoints	5
	trésorier	1
	officier comptable du matériel	1
	de cavalerie instructeur d'équitation	1
Lieutenant ou sous-lieutenant, instructeur de gymnastique et d'escrime		1
Médecin-major de 2e classe		1
Total pour les officiers		29

TABLEAU B.

TROUPE.

SOUS-OFFICIERS, CAPORAUX ET SOLDATS PLACÉS HORS CADRE.

Sous-officiers.

Adjudant maître d'escrime..................	1
Adjudant d'artillerie (1).....................	1
Adjudant de cavalerie, sous-instructeur d'équitation	1
Sergent-major-vaguemestre, garde-magasin.	1
Sergent maître d'escrime..........................	1
Sergent moniteur général de gymnastique..	1
Sergent 1er secrétaire du trésorier...........	1
Sergents fourriers	2
Maréchaux des logis d'artillerie (1)..........	2

Caporaux et brigadiers.

Clairon..	1
Armurier..	1
Moniteurs d'escrime................................	4
Moniteurs de gymnase.............................	2
Secrétaire de l'officier comptable du matériel.	1
2e Secrétaire du trésorier........................	1
Bibliothécaire..	1
Copiste..	1
Brigadier maître-maréchal ferrant...........	1
A reporter.....	21

(1) L'adjudant et les deux maréchaux des logis d'artillerie sont employés également comme sous-instructeurs d'équitation.

Soldats.

Report.....	24
Clairons..................................	8
Secrétaire du commandant.................	1
Autographistes...........................	3
Lampiste..................................	1
Perruquiers...............................	4
Canonnier ouvrier en fer..................	1
Conducteur................................	1
Aide-maréchal ferrant.....................	1
Ouvrier armurier..........................	1
Ouvriers tailleurs........................	4
Ouvriers cordonniers......................	4
Ordonnances d'officiers montés............	3
Employés divers...........................	32
Total pour la troupe............	88

TABLEAU C.

COMPOSITION DU DÉTACHEMENT DE CAVALIERS DE REMONTE ATTACHÉ A L'ÉCOLE.

	Hommes.	Chevaux
Maréchal des logis..........	1	»
Brigadier fourrier...........	1	»
Brigadiers...................	3	»
Cavaliers....................	24	»
Ouvrier sellier..............	1	»
Chevaux de selle.............	»	70
Total du détachement...	30	70

Rapport au Président de la République française au sujet des conditions exigées pour l'admission à l'Ecole militaire d'infanterie.

Paris, le 19 juin 1886.

MONSIEUR LE PRÉSIDENT,

Le décret du 22 mars 1883, portant règlement sur l'organisation de l'Ecole militaire d'infanterie, fixe à un an au 1er mars de l'année du concours, l'ancienneté de grade minima que doivent avoir les sous-officiers proposés pour subir les examens d'admission.

Cette limite, dont on supposait que les chefs de corps n'accorderaient le bénéfice qu'à quelques sujets d'élite, tend à devenir la règle ; l'Ecole paraît devoir se recruter désormais, en trop grande partie, avec des sous-officiers jeunes d'âge et de grade et qui n'ont pas eu le temps d'acquérir dans les corps l'expérience et l'instruction militaire nécessaires pour suivre avec fruit des cours dont la durée n'est que de dix mois.

Les généraux inspecteurs, le commandant de l'Ecole, et, de son côté, la commission d'examen, en signalant cet état de choses qu'ils considèrent comme préjudiciable au bon recrutement des cadres de l'infanterie, sont unanimes à réclamer le retour aux règles fixées par le décret du 4 février 1881 et demandent, en outre, que tout candidat à l'Ecole obtienne au préalable un certificat d'aptitude militaire délivré par une commission régimentaire.

Ces dispositions nouvelles me paraissant propres à porter remède aux inconvénients signalés, j'ai l'honneur de vous prier, si vous les approuvez, de vouloir bien revêtir de votre signature le projet de décret ci-joint.

Veuillez agréer, Monsieur le Président, l'hommage de mon respectueux dévouement.

Le Ministre de la Guerre,
Signé : Gal BOULANGER.

Décret modifiant l'article 3 du décret du 22 mars 1883, relatif aux conditions exigées pour l'admission à l'Ecole militaire d'infanterie.

Paris, le 19 Juin 1886.

LE PRÉSIDENT DE LA RÉPUBLIQUE FRANÇAISE,

Vu les décrets des 4 février 1881, 18 janvier et 1er décembre 1882, 22 mars 1883 ;

Considérant qu'il importe d'apporter aux conditions exigées pour l'admission à l'Ecole militaire d'infanterie de Saint-Maixent les modifications que l'expérience a rendues nécessaires ;

Sur le rapport du Ministre de la Guerre,

DÉCRÈTE :

Les dispositions de l'article 3 du décret du 22 mars 1883 sont modifiées ainsi qu'il suit :

Nul sous-officier ne pourra être admis à subir

les examens d'admission à l'Ecole militaire d'infanterie :

1° S'il n'a deux années de grade de sous-officier au 31 décembre de l'année de la proposition ;

2° S'il ne produit un certificat d'instruction militaire délivré par une commission, dont la composition sera fixée par un règlement ministériel, qui déterminera les dispositions de détail relatives à l'admission des élèves.

— Le Ministre de la Guerre est chargé de l'exécution du présent décret.

Fait à Paris le 19 juin 1886.

Signé : Jules GRÉVY.

Par le Président de la République :

Le Ministre de la guerre,

Signé : Gal Boulanger.

Décret du 11 octobre 1886, qui modifie l'article 1er du décret du 22 mars 1883, portant règlement sur l'organisation de l'Ecole militaire d'infanterie.

Le Président de la République française,

Vu les décrets des 4 février 1881, 18 janvier et 1er décembre 1882, 22 mars 1883, 19 juin 1886 ;

Considérant qu'il importe d'assurer aux sous-officiers des sections de secrétaires d'état-major et du recrutement les mêmes avantages qu'à ceux des sections d'infirmiers et de commis et ouvriers militaires d'administration ;

Sur le rapport du Ministre de la Guerre,

DÉCRÈTE :

Art. 1er. Les dispositions du 2e paragraphe de l'article 1er du décret du 22 mars 1883 sont complétées ainsi qu'il suit :

« Les sous-officiers des sections d'infirmiers, de commis et ouvriers militaires d'administration, *de secrétaires d'état-major et du recrutement*, concourent avec les sous-officiers des corps de troupe d'infanterie pour l'admission à l'Ecole militaire de Saint-Maixent. »

Art. 2. Le Ministre de la Guerre est chargé de l'exécution du présent décret.

Fait à Mont-sous-Vaudrey, le 11 octobre 1886.

Signé : JULES GRÉVY.

Par le Président de la République :

Le Ministre de la guerre,
Signé : Gal BOULANGER,

Décret portant modification au règlement du 22 mars 1883, sur l'organisation de l'Ecole militaire d'infanterie.

Fontainebleau, le 8 septembre 1888.

LE PRÉSIDENT DE LA RÉPUBLIQUE FRANÇAISE,

Considérant qu'il y a lieu de réduire le nombre des lieutenants de cavalerie détachés de leurs corps ;

Sur le rapport du Ministre de la Guerre,

DÉCRÈTE :

Art. 1er. Les articles 6 et 12 du décret du 22 mars 1883 sont modifiés de la manière suivante :

ARTICLE 6.

« La direction de l'Ecole est confiée à un colonel ou à un lieutenant-colonel d'infanterie. Il a sous ses ordres un chef de bataillon commandant en second.

» L'autorité du commandant de l'Ecole s'étend sur toutes les parties du service de l'instruction et de l'administration.

» Le commandant de l'Ecole est sous les ordres directs du Ministre de la Guerre.

» Le commandant en second est chargé, sous les ordres du commandant de l'Ecole, de toutes les parties du service ; il remplit les fonctions de directeur des études.

» Des capitaines instructeurs sont chargés de l'instruction théorique et pratique, de la tenue et de la discipline ; ils ont sous leurs ordres des lieutenants instructeurs.

» Des capitaines professeurs, aidés par des lieutenants professeurs adjoints et, au besoin, par des lieutenants instructeurs, professent les cours et sont, en outre, chargés des répétitions, des interrogations, de la correction des travaux et de l'instruction pratique des cours qui leur sont confiés.

» Le capitaine professeur du cours d'administration remplit les fonctions de major.

» Un capitaine en second de cavalerie dirige les exercices d'équitation.

» Deux lieutenants remplissent les fonctions de trésorier et d'officier comptable du matériel.

» Un médecin-major de 2e classe est chargé du service sanitaire de l'Ecole et professe le cours d'hygiène.

» Un personnel secondaire, composé de sous-officiers, de caporaux et de soldats, est employé soit à l'instruction militaire des élèves, soit à la tenue des écritures et aux divers services intérieurs de l'Ecole. Sa composition est déterminée par le tableau B annexé au présent décret. Ce personnel est mis hors cadres, conformément à l'article 28 de la loi du 13 mars 1875, modifiée par celle du 15 décembre 1875.

» Un détachement de la 5e compagnie de cavaliers de remonte est affecté au service de l'Ecole : sa composition est déterminée par le tableau C annexé au présent décret.

» Tout le personnel (officiers et troupe) est nommé par le Ministre. »

Article 12.

« L'Ecole est administrée par un conseil composé ainsi qu'il suit :

» Le commandant de l'Ecole, président ;

» Le commandant en second ;

» Le capitaine professeur d'administration, faisant fonctions de major, rapporteur ;

» Un capitaine instructeur renouvelé tous les ans ;

» Le capitaine en second de cavalerie, instructeur d'équitation ;

» Le lieutenant trésorier ;

» Le lieutenant officier comptable du matériel. »

Art. 2. Le Ministre de la Guerre est chargé de l'exécution du présent décret.

Fait à Fontainebleau, le 8 septembre 1888.

Signé : CARNOT.

Par le Président de la République :

Le Ministre de la Guerre,

Signé : C. DE FREYCINET.

Instruction pour l'admission des sous-officiers à l'École militaire d'infanterie.

Paris, 22 juin 1886.

RÈGLES D'ADMISSION DES ÉLÈVES.

Art. 1er. Chaque année, à l'inspection générale, les chefs de corps proposent pour être admis à subir les examens d'admission à l'Ecole militaire d'infanterie les sous-officiers de cette arme jugés aptes à devenir officiers.

Les sous-officiers du cadre fixe des écoles militaires sont proposés par les commandants de ces écoles.

Sont également admis au concours, conformément aux dispositions de l'article 41 de la loi du 16 mars 1882 sur l'administration de l'armée, les sous-officiers des sections d'infirmiers, des sections de secrétaires d'etat-major (1) et de commis et d'ouvriers d'administration qui sont l'objet de propositions régulières.

Pour être admis à concourir, les candidats doivent avoir deux ans de grade de sous-officier au 31 décembre de l'année de la proposition, et produire un certificat d'instruction militaire, délivré par une commission régimentaire, constatant, qu'au point de vue de l'instruction professionnelle, ils sont susceptibles d'être proposés pour l'Ecole militaire d'infanterie (2).

---

(1) Note ministérielle du 8 novembre 1886.

(2) Les candidats appartenant à des fractions détachées seront envoyés à la portion principale pour subir l'examen d'instruction militaire.

Dans les bataillons des régiments de France stationnés en Algérie ou en Tunisie, il sera constitué une commission comme dans les bataillons formant corps.

Pour les régiments d'infanterie, zouaves, etc., la commission est composée de tous les officiers supérieurs du corps et présidée par le colonel.

Pour les bataillons formant corps, elle comprend tous les capitaines réunis sous la présidence du chef de corps.

Pour les sections d'infirmiers et de commis et ouvriers d'administration, en font partie : le sous-intendant militaire chargé de l'administration de la section, l'officier d'administration commandant la section à laquelle appartient le sous-officier, un autre officier d'administration commandant une section d'infirmiers ou de commis et ouvriers, un officier d'administration adjoint à un commandant de section.

Le modèle de ce certificat est annexé à la présente instruction.

Art. 2. Il est établi pour chaque sous-officier un mémoire de proposition, conforme au modèle annexé à la présente instruction, sur lequel le mérite du candidat est constaté et apprécié successivement par le chef de corps ou de service, le général de brigade et l'inspecteur général. Chacun d'eux résume son opinion dans une seule cote numérique, représentée par un nombre entier pris dans l'échelle de 12 à 20 et qualifiant à la fois la conduite, la capacité et l'aptitude au commandement.

Ces notes correspondent aux valeurs ci-après :

12, assez bien ;
15, bien ;
18, très bien ;
20, parfaitement.

Le mémoire de proposition comprend :

1° Le relevé des services ;

2° Le relevé des punitions infligées au sous-officier depuis son entrée au service ;

3° Les notes particulières du chef de corps ;

4° Le relevé des points attribués au candidat pour les notes du chef de corps, du général de brigade et de l'inspecteur général ainsi que pour les différentes majorations auxquelles il a droit en raison de ses services.

Il est accompagné du certificat d'instruction militaire délivré par la commission régimentaire.

Les dossiers doivent être remis à l'inspecteur général avant son arrivée, afin qu'il puisse examiner d'une manière spéciale les candidats, et les apprécier pendant le cours de ses opérations.

Art. 3. Le concours comprend des compositions écrites, des examens oraux, un examen d'instruction militaire pratique et un examen d'aptitude physique.

COMPOSITIONS ÉCRITES.

Art. 4. Les compositions écrites servent à établir un premier classement destiné à exclure des examens oraux et de l'examen de l'instruction militaire pratique les candidats insuffisamment instruits, puis à déterminer, concurremment avec ces examens, le classement par ordre de mérite des candidats.

Art. 5. Dans *le courant du mois de décembre* (1), les candidats sont convoqués pour subir les épreuves écrites au lieu où se trouve l'état-major de la division sur le territoire de laquelle ils sont stationnés (2). Ils doivent y être rendus la veille du jour fixé pour ces épreuves, et sont placés en subsistance dans un corps de la garnison.

Les compositions sont surveillées par des officiers d'infanterie du grade de capitaine, au nombre de deux au moins, désignés par MM.

---

(1) Note ministérielle du 24 octobre 1887.

(2) En Algérie, les candidats sont convoqués au centre de chaque subdivision et, en outre, dans les places suivantes : Laghouat, Bou-Saada, Tiaret, Géryville, Mecheria, Bougie, Tebessa, Biskra. En Tunisie, les candidats sont convoqués dans l'une des places suivantes, la plus rapprochée du point où ils sont stationnés : Tunis, Sousse, Gabès, Gafsa.

les généraux commandant les corps d'armée; chacun de ces officiers reçoit un exemplaire d'une instruction spéciale concernant sa mission.

Les sujets des compositions et les imprimés nécessaires sont envoyés sous plis cachetés, par le Ministre, à tous les commandants de corps d'armée.

Les sujets des compositions sont tirés du programme du règlement du 31 juillet 1879 sur le service des écoles régimentaires des corps d'infanterie.

Les compositions écrites comprennent :

1° Une dictée (la ponctuation ne sera pas dictée aux candidats);

2° Une narration française (*lettre, rapport* ou *étude historique*);

3° Résolution de problèmes d'arithmétique;

4° Résolution de problèmes de géométrie.

Art. 6. L'enveloppe renfermant chaque sujet de composition est décachetée par un des officiers délégués, en présence des candidats réunis pour subir les épreuves écrites.

Le procès-verbal de la séance devra constater si le cachet était intact.

Art. 7. Toutes les compositions sont faites sur des feuilles à en-tête imprimé, délivrées aux sous-officiers au commencement de la séance et revêtues alors de la signature de l'un des officiers chargés de la surveillance; chaque candidat, en les recevant, appose son nom sur la tête imprimée de chacune de ces feuilles et signe à l'endroit indiqué sur cette tête avant de remettre la composition au délégué.

Art. 8. Il est accordé aux candidats :

1° Pour relire la dictée, *un quart d'heure*;

2° Pour la composition française, *quatre heures*;

3° Pour les problèmes d'arithmétique, *trois heures*;

4° Pour les problèmes de géométrie, *trois heures*.

Art. 9. A l'expiration du temps accordé pour chaque composition, celles-ci sont remises séance tenante à l'un des officiers surveillants.

Tout candidat qui ne remet pas l'une quelconque des compositions ou qui ne se présente pas à l'une des épreuves, est, par cela seul, exclu du concours.

Mais les compositions inachevées n'entraînent pas l'exclusion.

Art. 10. Toutes les compositions des candidats qui ont pris part aux quatre épreuves sont adressées au Ministre de la Guerre, réunies dans une grande et solide enveloppe, portant en suscription l'indication de son contenu, scellée par les délégués et contresignée de leurs noms.

Art. 11. Les compositions sont soumises au jugement de correcteurs nommés par le Ministre de la Guerre, sous la surveillance de la commission d'examen dont il sera parlé ci-après.

Art. 12. Avant de remettre aux correcteurs les compositions des candidats, les examinateurs détachent la partie de chacune des feuilles sur laquelle se trouvent le nom et la signature du candidat.

Les noms sont remplacés par des numéros d'ordre.

Les parties enlevées restent sous scellés.

Art. 13. Les compositions sont cotées par

les correcteurs d'un numéro de mérite compris dans l'échelle de 0 à 20.

Toute note inférieure à 10 pour l'orthographe déterminera à elle seule l'exclusion, qui atteindra également tout candidat convaincu de fraude.

La cote donnée à une composition est portée sur la composition même, puis multipliée par le coefficient correspondant à la nature de la composition (art. 24), ce qui détermine le nombre de points attribué au candidat pour cette composition.

Art. 14. Les corrections terminées, la commission d'examen dresse un état général portant les numéros d'ordre des compositions, avec l'indication des cotes, données à chacune d'elles, de leurs produits par les coefficients et de la somme de ces produits.

Toutes les copies d'un même candidat ont le même numéro d'ordre qui correspond au nom de ce sous-officier.

On dresse une liste de tous ces numéros par ordre de mérite d'après la somme totale des points obtenus.

Cette liste, sur laquelle les candidats ne sont représentés que par des numéros, est soumise au Ministre, qui détermine pour l'année le nombre des admissibles aux épreuves orales.

Art. 15. Immédiatement après la décision du Ministre, les noms des candidats sont portés sur la liste de classement à l'aide des numéros d'ordre inscrits sur les en-têtes imprimés.

La liste des candidats admis aux épreuves orales est publiée dans le *Journal officiel* et adressée à MM. les généraux commandant les corps d'armée.

Cette liste est établie dans l'ordre des corps d'armée, et dans chaque corps, dans l'ordre *numérique* des régiments.

EXAMENS ORAUX ET EXAMEN D'INSTRUCTION MILITAIRE PRATIQUE.

Art. 16. La commission chargée de faire passer les examens oraux et l'examen d'instruction militaire pratique est composée de quatre membres nommés par le Ministre de la Guerre, savoir : un colonel ou lieutenant-colonel d'infanterie, président ; trois chefs de bataillon d'infanterie (1).

Les examens portent sur les matières ci-après :

1° Arithmétique et géométrie (programme du règlement du 31 juillet 1879) ;

2° Fortification et topographie (programme du 31 juillet 1879) ;

3° Histoire de France (programme du 31 juillet 1879) ;

4° Géographie (programme du règlement du 31 juillet 1879) ;

5° Instruction militaire pratique (1re partie de l'école de compagnie et mouvements de la section en ordre dispersé) ;

6° Service intérieur, — Service en campagne, — Tir ;

7° Gymnastique ;

8° Escrime.

---

(1) Les sous-officiers des corps stationnés en Algérie ou en Tunisie, subissent les mêmes examens que leurs camarades des corps de France, devant la même commission

Art. 17. La commission siège d'abord à Paris, puis se transporte successivement à Lyon, Alger, Toulouse et Nantes.

Sont convoqués à Paris, les candidats stationnés dans le gouvernement militaire de Paris et sur le territoire des 1er, 2e, 3e, 4e, 5e et 6e corps d'armée.

Sont convoqués à Lyon, les candidats stationnés dans le gouvernement militaire de Lyon, et sur le territoire des 7e, 8e, 13e, 14e et 15e corps d'armée.

Sont convoqués à Alger, les candidats stationnés en Algérie et en Tunisie.

Sont convoqués à Toulouse, les candidats stationnés sur le territoire des 12e, 16e, 17e et 18e corps d'armée.

Sont convoqués à Nantes, les candidats stationnés sur le territoire des 9e, 10e et 11e corps d'armée.

Le Ministre fait connaître en temps opportun la date à laquelle doivent commencer les examens dans chacun des six centres indiqués ci-dessus.

Les candidats sont placés en subsistance dans un corps de la garnison pendant la durée des examens.

Art. 18. Le tour d'examen des sous-officiers admis aux épreuves orales est déterminé dans chaque centre par l'ordre alphabétique de la première lettre de leur nom patronymique.

La veille de chaque séance, le président de la commission d'examen fait afficher la liste des candidats qui peuvent être interrogés dans la séance suivante ; ceux d'entre eux qui, sans motifs valables, ne se présentent pas lorsqu'ils sont appelés peuvent être punis disciplinairement et exclus du concours.

Art. 19. Les examens sont publics, mais pour les candidats seulement, l'entrée des salles restant interdite à toute autre personne.

Art. 20. Ces examens roulent sur les matières indiquées à l'article 16, et les examinateurs posent toutes les questions qu'ils jugent nécessaires pour s'éclairer sur le degré d'instruction des candidats.

Art. 21. Pour l'examen d'instruction militaire pratique, il est constitué, dans chaque centre, une compagnie de manœuvre de 64 files (16 files par section), fournie par un corps de la garnison. Les candidats expliquent et font exécuter, comme instructeurs, un ou plusieurs mouvements de la première partie de l'école de compagnie et un ou plusieurs mouvements de l'article 1er du chapitre 1er de la seconde partie de cette école. Ils remplissent en outre successivement les fonctions de guides et de chefs de section.

Art. 22. Chaque examinateur attribue aux réponses des candidats, dans les diverses parties sur lesquelles il les a interrogés, une cote numérique comprise dans l'échelle de 0 à 20. Cette cote est multipliée ensuite par le coefficient correspondant.

Art. 23. Immédiatement après la clôture des opérations dans chaque centre d'examen, le président de la commission en fait connaître le résultat au Ministre.

Art. 24. La note ministérielle du 18 février 1889 fixe comme ci-après les coefficients et les majorations :

1° COEFFICIENTS.

Note d'ensemble.

Conduite, capacité, aptitude au commandement	Note du chef de corps	5	20	100
	Note du général de brigade	5		
	Note de l'inspecteur général	10		

(S'il n'y a pas de note du général de brigade, celle du chef de corps ou de service a pour coefficient 8 et celle de l'inspecteur général 12).

Compositions.

Dictée	5	20	
Narration sur un sujet historique	9		
Arithmétique	3		
Géométrie	3		

Examens oraux.

Arithmétique	4	20	
Géométrie	4		
Histoire	6		
Géographie	6		

Instruction militaire.

Pratique	14	40	
Règlements (service intérieur, des places, en campagne, tir)	10		
Comptabilité de la compagnie	[illegible]		
Fortification et topographie	6		
Gymnastique et escrime	5		

2° MAJORATIONS.

1° Toute année complète de grade de sous-officier à la date du 31 décembre de l'année de la proposition, en excédent des deux années exigées, donne droit à une majoration de dix points....... 10
(Cette majoration ne peut, toutefois, excéder cinquante points.)

2° Toute campagne, autre que les campagnes en Algérie et en Tunisie, donne droit à une majoration de dix points.............. 10
Ces dernières ne donnent droit qu'à une majoration de cinq points.. 5
(Les campagnes sont toujours comptées simples.)

3° Toute blessure reçue à l'ennemi, toute citation donne droit à une majoration de dix points................................... 10
(Plusieurs blessures reçues dans une même affaire ne sont comptées que pour une seule.)

4° Tout sous-officier qui, au 31 décembre de l'année de la proposition, a occupé pendant un an au moins l'emploi de sergent-major, a droit aux majorations suivantes :
Pour une année complète, vingt-cinq points..................... 25
Pour chacune des années suivantes, complète, dix points......... 10
(Aucune majoration spéciale n'est attachée au grade d'adjudant : néanmoins, les sous-officiers de ce grade comptent les majorations acquises dans l'emploi de sergent-major.)

5° Tout sous-officier rengagé pour deux ans, et dont le rengagement sera devenu effectif au 31 décembre de l'année de la proposition, a droit a une majoration de vingt-cinq points.............. 25
Tout sous-officier rengagé pour cinq ans, et dont le rengagement sera devenu effectif au 31 décembre de l'année de la proposition, a droit a une majoration de cinquante points.................... 50
(La majoration pour rengagement ne peut, en aucun cas, dépasser cinquante points, quel que soit le nombre des rengagements successivement contractés.)

6° Tout sous-officier décoré de la médaille militaire a droit à une majoration de vingt points.................................... 20
Tout sous-officier décoré de la Légion d'honneur a droit à une majoration de quarante points................................... 40
(Ces deux majorations peuvent se cumuler.)

Nota. — Il ne sera tenu compte, dans aucun cas, des points de majoration excédant le chiffre de cent cinquante (150).

PROGRAMME

Des matières sur lesquelles rouleront les épreuves écrites et orales des sous officiers candidats à l'Ecole militaire d'infanterie.

COURS DE FRANÇAIS.

Revision des règles de la grammaire française et applications..... 8 leçons.

Syntaxe et applications. — Dictées........................	5 leçons.
Principes de style. — Composition française. — Rédaction d'ordres, de rapports, de lettres, etc....	6 —
Total..........	19 leçons.

ARITHMÉTIQUE.

1re *séance*. — Principes élémentaires de l'arithmétique. — Numération. — Addition et soustraction des nombres entiers. — Multiplication des nombres entiers. — Table de multiplication.

2e *séance*. — Le produit d'une multiplication reste le même quand on intervertit l'ordre des facteurs. — Si l'on multiplie l'un des facteurs par un nombre, le produit est multiplié par ce nombre. — Carré d'un nombre. — Cube d'un nombre. — Preuve de la multiplication par une autre multiplication. — Applications.

3e *séance*. — Division des nombres entiers. — Cas où le dividende a un ou deux chiffres et le diviseur un seul. — Cas où le dividende et le diviseur ont plusieurs chiffres. — Trouver le nombre de chiffres du quotient. — Méthode pour trouver plus commodément le chiffre du quotient, lorsque le diviseur a plusieurs chiffres. — Simplification de la division lorsque le dividende et le diviseur sont terminés par des zéros. — Preuve de la multiplication par une division. — Preuve de la multiplication par 9. — Applications.

4e *séance*. — Divisibilité des nombres. — Caractères de divisibilité d'un nombre par 2, 3,

4, 5, 9. — Définition d'un nombre premier. — Fractions ordinaires. — Principes fondamentaux.

1° On rend une fraction 2, 3, 4 fois plus grande en multipliant son numérateur par 2, 3, 4, sans toucher au dénominateur;

2° On rend une fraction 2, 3, 4 fois plus petite en multipliant son dénominateur par 2, 3, 4, sans toucher au numérateur;

3° On ne change pas la valeur d'une fraction en multipliant ou en divisant les deux termes par le même nombre. — Simplification des fractions.

5° *séance.* — Nombre fractionnaire. — Réduire un nombre entier en nombre fractionnaire. — Extraire les entiers contenus dans un nombre fractionnaire. — Réduction des fractions au même dénominateur. — Opérations sur les fractions ordinaires. — Addition. — Soustraction.

6° *séance.* — Multiplication des fractions ordinaires. — Multiplication d'un nombre entier par une fraction, d'une fraction par une autre fraction. d'une fraction par un nombre entier. — Multiplication de nombres entiers accompagnés de fractions. — Division des fractions ordinaires. — Division d'un nombre entier par une fraction, d'une fraction par une autre fraction, d'une fraction par un nombre entier. — Division des nombres entiers accompagnés de fractions.

7° *séance.* — Fractions décimales. — Nombres décimaux. — Changements produits par le déplacement de la virgule. — Opérations sur les fractions décimales et les nombres décimaux.

— Addition. — Soustraction. — Multiplication. — Cas où le produit a moins de chiffres qu'il n'y a de décimales dans les deux facteurs.

8e *séance*. — Division des fractions décimales et des nombres décimaux. — Evaluer le reste d'une division en décimales. — Faire la division de deux nombres lorsque le diviseur est plus grand que le dividende. — Calculer un quotient à un dixième, un centième, un millième près. — Transformer une fraction ordinaire en fraction décimale et inversement.

9e et 10e *séances*. — Système métrique. — Unité fondamentale de ce système. — Mesures de longueurs, mesures de surfaces. — Mesures de volumes. — Mesures de poids. — Monnaies.

11e *séance*. — Notions sur les rapports. — Méthode de réduction à l'unité. — Règle de trois simple, composée. — Calcul du « *pour cent* ».

12e *séance*. — Règles d'intérêt. — Partage d'une somme en parties proportionnelles à des nombres donnés. — Problèmes.

13e *séance*. — Notation algébrique. — Règle des signes.

GÉOMÉTRIE PLANE.

1re et 2e *seances*. — De la ligne droite et du plan. — Ligne brisée, ligne courbe. — Angles. — Angles adjacents. — Angles égaux. — Angle droit, aigu, obtus. — Perpendiculaire. — Verticale. — Par un point pris sur une droite, on peut mener une perpendiculaire à cette droite; on ne peut en mener qu'une.

Angles opposés par le sommet. — Leurs propriétés.

3e et 4e *séances.* — Triangle.

Dans un triangle, un côté quelconque est plus petit que la somme des deux autres.

Cas d'égalité des triangles.

5e et 6e *séances.* — Triangle isocèle, triangle équilatéral, triangle rectangle.

Propriétés du triangle isocèle.

Bissectrice d'un angle.

D'un point pris hors d'une droite, on peut abaisser une perpendiculaire sur cette droite, on ne peut en abaisser qu'une.

Propriétés de la perpendiculaire et de l'oblique.

Cas d'égalité des triangles rectangles.

7e et 8e *séances.* — Parallèles.

Deux droites perpendiculaires à une troisième sont parallèles entre elles.

Par un point pris hors d'une droite, on peut mener une parallèle à cette droite (on admettra sans démonstration qu'on ne peut en mener qu'une).

Si deux droites sont parallèles, toute droite perpendiculaire sur l'une d'elles est perpendiculaire sur l'autre.

Deux droites parallèles à une troisième sont parallèles entre elles.

Les angles formés par deux parallèles et une sécante sont deux à deux égaux ou supplémentaires.

9e et 10e *séances.* — La somme des angles d'un triangle est égale à deux droits.

Angles dont les côtés sont parallèles ou perpendiculaires.

Quadrilatères. — Parallélogramme, rectangle, carré, losange, trapèze.

Propriétés du parallélogramme.

11e *séance.* — De la circonférence. — Rayon, diamètre, arc, corde. Les arcs égaux sont sous-tendus par des cordes égales et réciproquement.

Les cordes égales sont également distantes du centre.

Le rayon perpendiculaire à une corde divise cette corde et l'arc sous-tendu en deux parties égales.

12e *séance.* — Trois points non en ligne droite déterminent une circonférence.

Tangente à la circonférence.

La tangente est perpendiculaire à l'extrémité du rayon.

Division de la circonférence en 360 degrés.

Rapporteur.

13e, 14e et 15e *séances.* — Usage de la règle, du compas, de l'équerre et du rapporteur.

Partager une droite en deux parties égales.

Partager un angle en deux parties égales.

Par un point pris sur une droite, élever une perpendiculaire à cette droite.

Par un point pris hors d'une droite, abaisser une perpendiculaire sur cette droite.

Par un point donné, mener une parallèle à une droite donnée.

Construire un triangle connaissant : 1° deux côtés et l'angle compris ; 2° un côté et les deux angles adjacents ; 3° les trois côtés.

Trouver le centre d'une circonférence donnée.

16e et 17e *séances.* — Lignes proportionnelles.

Triangles semblables.

Cas de similitude.

18e et 19e *séances.* — Figures équivalentes ; figures égales.

Mesure des surfaces.

Surface du rectangle, du parallélogramme, du triangle, du trapèze.

20e *séance*. — Polygone.

Surfaces d'un polygone par la décomposition en triangles.

Mesure de la circonférence, de la surface, du cercle (donner la formule sans démonstration).

Applications numériques sur la mesure des surfaces.

Définition et mesure des principaux solides. Donner sans démonstration les formules de leur volume.

FORTIFICATION.

1re et 2e *séances*. — Nomenclature et usage des outils de campagne.

Divers retranchements employés en campagne. — Le retranchement le plus simple est le retranchement en ligne droite : ce tracé ne donne des feux que dans une seule direction, tous les points sont également forts et également faibles. Telle est la *coupure* facile à construire, mais dont les flancs doivent être appuyés à des obstacles infranchissables.

Le plus souvent, les retranchements sont tracés en ligne brisée; ils présentent alors des angles saillants et rentrants. Les feux les plus efficaces sont les feux perpendiculaires à la ligne de feu. — Secteurs privés de feux. — Flanquement, faces, flancs, courtines.

Ouvrages ouverts : *redan* (saillant, capitale, gorge). Limites de l'angle au saillant. — Inconvénients d'un angle trop aigu.

Lunette (faces, flancs, angles d'épaule). limite des angles; — les flancs sont facilement enfilés.

Ouvrages fermés : *redoute* (passage, traverse). La redoute est facile à construire et donne des feux dans quatre directions.

Emploi, avantages et inconvénients de chacun de ces ouvrages.

3e *séance*. — Étude du profil d'un retranchement. — Noms des différentes lignes d'un profil.

Retranchement ordinaire. — Epaisseur du parapet. — Plongée. — Angle mort. — Pentes des divers talus. — Berme. — Son utilité. — Conditions auxquelles doit satisfaire le fossé (on ne fera pas le calcul des dimensions). — Largeur supérieure du fossé. — Profondeur minima. — Glacis. — Quand faut-il construire un glacis? Où prend-on les terres?

Retranchements rapides.

Tranchées-abris. — Tracé. — Dimensions des ateliers. — Placement des pelles et des pioches. — Conduite du travail.

Trous de tirailleurs.

4e *séance*. — Revêtements. — Indiquer que les revêtements se font en gabions, fascines, gazons. — Donner une idée de ces matériaux.

Nécessité de construire dans l'intérieur des ouvrages, des abris pour les hommes et pour les munitions. — Abris en rails de chemins de fer : appuyer les rails contre le talus intérieur, les placer de champ, disposer par-dessus deux rangées de fascines et les recouvrir de terre; épaisseur de la couche de terre

Défenses accessoires. — Abatis, ils se font sur

place ou avec des arbres transportés. — Organisation des abatis. — Réseaux de fil de fer, palissades, obstacles improvisés.

5e *séance*. — Instruction technique sur la mise à exécution des prescriptions contenues dans le règlement du 12 juin 1875, sur les manœuvres, et dans l'instruction du 4 octobre 1875, sur le service de l'infanterie en campagne, relativement à l'organisation défensive des obstacles qui se trouvent à la surface du sol.

Organisation défensive des berges et fossés.

Défense d'une haie. — Organisation défensive d'un mur de clôture; écrêter ou percer des créneaux aussi rapprochés que possible, sans affaiblir le mur; éviter qu'ils ne soient embouchés; flanquement du mur.

Défense d'une forêt : barrer les routes avec des coupures et des abatis; conserver les routes parallèles au front de l'ennemi; se ménager des passages pour prendre l'offensive; relier les arbres par des fils de fer; choisir un réduit en arrière d'une clairière.

6e *séance*. — Organisation défensive d'une maison isolée.

Organisation défensive d'une ferme : première enceinte formée par les murs de cour, haies, etc.; deuxième enceinte formée par les bâtiments; réduit.

Destruction des obstacles accumulés par la défense. — Emploi de la poudre ou de la dynamite pour renverser un mur, un arbre, des palissades, une porte.

7e et 8e *séances*. — Voies de communication.

Passage des cours d'eau, des fossés secs ou à fond marécageux.

Construction de petits ponts, ponceaux et passerelles.

Destruction et réparation des routes et des ponts. — Obstruction des gués.

Eléments d'une voie ferrée; accessoires de la voie. — Notions sommaires sur le matériel mobile.

Destruction d'une voie ferrée, des ponts, des tunnels et du matériel.

Interruption d'une ligne télégraphique.

Exercices pratiques.

1re *séance*. — Chargement et déchargement des voitures d'outils.

2e *séance*. — Tracé, piquetage et profilement d'un retranchement ordinaire.

3e *séance*. — Exécution des retranchements rapides, des tranchées-abris, des trous de tirailleurs, des traverses. — Organisation et placement des ateliers.

4e *séance*. — Créneler et écrêter un mur.

5e *séance*. — Construire une barricade. — Abattre un arbre avec la hache ou la scie articulée.

6e *séance*. — Confectionner des abris pour bivouacs; des cuisines de campagne.

TOPOGRAPHIE.

1re *séance*. — Notions préliminaires. — Topographie. — Définition et objet. — Verticale, plan horizontal. — Projection d'un point, d'une ligne, d'un objet sur un plan. — Cartes géographiques, topographiques. — Echelles; leur usage. — Echelles employées le plus généralement.

2e *séance.* — Désignation et représentation des objets à la surface du sol. — Planimétrie, son objet. — Eaux courantes. — Eaux stagnantes. — Manière de représenter les eaux. — Moyens usités pour les franchir. — Manière de les représenter.

Voies de communication. — Lieux habités. — Constructions, cultures, terrains boisés et détails du sol. — Mode de représentation. — Signes conventionnels. — Abréviations.

3e *séance.* — Etude et figuré des formes du terrain. — Notions préliminaires, altitude, pente, côte, commandement ou relief, nivellement.

Formes diverses qu'affecte le terrain. — Mode de représentation. — Plans en relief.

4e *séance.* — Figuré du terrain au moyen des courbes. — Equidistance généralement adoptée suivant l'échelle. — Représentation d'un mamelon, d'une croupe, d'une vallée, d'un col.

5e *séance.* — Figuré du terrain au moyen des hachures. — Ligne de plus grande pente, ses propriétés. — Représentation d'un mamelon, d'une croupe, d'une vallée, d'un col. — Représentation des rochers et des escarpements. — Tracé d'un profil. — Figuré du terrain au moyen de courbes et de teintes.

6e *séance.* — Exercices de lecture de cartes à l'aide de plans en relief. — Mesure des distances, recherche des lignes de partage, des lignes de défilement de l'horizon visible d'un point donné. — Indication qu'on peut tirer de l'étude de la carte sur les ressources d'une région d'après la configuration du terrain et la nature des cultures.

7e *séance*. — Emploi de la carte pour préparer l'exécution des petites opérations du service en campagne. — Placement d'une grand'garde, des petits postes, des sentinelles. — Conduite d'un détachement.

Emploi de la carte pour le choix d'un campement, pour l'établissement d'un cantonnement.

8e *séance*. — Exécution d'un levé à vue, d'un croquis. — Mesure des distances. — Emploi d'instruments simples pour l'exécution d'un levé à vue (carton, boussole, double décimètre).

9e *séance*. — Reconnaissances. — Nécessité des reconnaissances. — Reconnaissance d'une route, d'un chemin de fer, d'un cours d'eau, d'un canal, d'un bois, d'un hameau, d'un village, d'une hauteur, d'un défilé, d'un pont. — Modèle de rapport.

HISTOIRE DE FRANCE.

1re *séance*. — Organisation militaire de la France sous Louis XIV. — Résumé très succinct des guerres faites sous son règne. — Fin de la guerre de Trente-Ans. — Le grand Condé et Turenne. — Rocroy, Nordlingen, Fribourg, Lens. — Le traité de Westphalie donne à la France : Metz, Toul, Verdun et l'Alsace, moins Strasbourg et Mulhouse. — Continuation de la guerre avec l'Espagne. — Bataille des Dunes, traité des Pyrénées; le Roussillon et l'Artois sont acquis à la France. — Guerre de dévolution. — Conquête de la Flandre et de la Franche-Comté. — Traité d'Aix-la-Chapelle. — Guerre de Hollande. — Traité de Nimègue. — Ligue d'Augsbourg. — Invasion du Palatinat. — Traité de

Ryswick, ses conséquences. — Vauban. — Luxembourg. — Catinat. — Guerre de la succession d'Espagne. — Bataille de Denain. — Traités d'Utrecht, leurs conséquences. — Ministère de Louvois. — Création des Invalides.

2e *séance*. — Louis XV. — Régence du duc d'Orléans. — Guerre de la succession de Pologne. — Traité de Vienne, réunion de la Lorraine. — Guerre de la succession d'Autriche. — Victoires de Fontenoy et Raucoux remportées par Maurice de Saxe. — Paix d'Aix-la-Chapelle. — Guerre de Sept-Ans. — Défaite de Rosbach. — Désastres sur mer. — Le traité de Paris enlève à la France ses plus belles colonies. — Dupleix, Montcalm, Choiseul. — Partage de la Pologne. — La Corse est achetée aux Génois.

3e et 4e *séances*. — Louis XVI. — Guerre d'Amérique. — Traité de Versailles. — Convocation des États Généraux. — Assemblée constituante. — Prise de la Bastille, 14 juillet. — Journées des 5 et 6 octobre. — L'Assemblée remplace les provinces par 83 départements. — Fuite de Varennes. — Assemblée législative. — Première coalition (1). — Manifeste du duc de Brunswick. — Convention nationale. — Proclamation de la République. — Soulèvement de la Vendée. — Valmy. — Jemmapes. — Dumou-

(1) Pour les campagnes de la République et de l'Empire, on se bornera à l'énumération des principales batailles; les chefs de corps prescriront de développer seulement une ou deux de celles auxquelles le régiment aura pris part.

riez. — Carnot. — Pichegru. — Jourdan. — Bonaparte au siège de Toulon. — Hoche. — Bataille de Quiberon.

Directoire. — Campagne d'Italie. — Expédition d'Egypte.

5e *séance*. — Consulat. — Campagne d'Italie. — Montebello. — Marengo. — Convention d'Alexandrie. — Campagne d'Allemagne. — Hohenlinden. — Traité de Lunéville. — Institutions militaires du Consulat. — Création de la Légion honneur.

6e et 7e *séances*. — Empire. — Coalition. — Campagne de 1805. — Elchingen. Ulm, Austerlitz. — Traité de Presbourg. — Campagne contre la Prusse. — Iéna. — Auerstaedt. — Blocus continental. — Eylau. — Friedland. — Paix de Tilsitt. — Guerre d'Espagne. — Campagne de 1809 en Autriche. — Eckmühl, Essling, Wagram. — Traité de Vienne. — Campagne de 1812 en Russie. — Bataille de la Moskowa. — Incendie de Moscou. — Campagne de 1813. — Lutzen. — Bautzen. — Dresde. — Désastre de Leipzig. — Campagne de France en 1814. — Brienne. — Champaubert. — Montmirail. — Bataille de Paris. — Bataille de Toulouse. — Abdication de Napoléon. — Premier traité de Paris. — Première restauration. — Les Cent-Jours. — Ligny. — Waterloo. — Deuxième traité de Paris. — Frontières françaises.

8e *séance*. — Seconde restauration. — Louis XVIII. — Campagne d'Espagne en 1823. — Charles X. — Intervention de la France en Grèce. — Bataille de Navarin. — Expédition d'Algérie. — Prise d'Alger. — Journées de Juillet 1830. — Avènement de Louis-Philippe. — Siège d'Anvers. — Conquête de l'Algérie. — Siège de Constantine. — Bataille d'Isly, gagnée par le maréchal Bugeaud. — Soumission d'Abd-el-Kader. — Fortifications de Paris. — Révolution du 24 février 1848. — Proclamation de la République. — Intervention romaine.

9e *séance*. — Empire. — Avènement de Napoléon III. — Guerre de Crimée. — Prise de Sébastopol. — Traité de Paris. — Guerre d'Italie, en 1859. — Magenta et Solférino. — Paix de Villafranca. — Guerre de Chine. — Combat de Palikao. — Campagne du Mexique. — Siège de Puebla. — Occupation.

10e *séance*. — Guerre de la Prusse et de l'Autriche contre le Danemark. — Bataille de Duppeln. — Paix de Gastein. — Guerre de 1866 entre la Prusse et l'Autriche. — Bataille de Sadowa, ses conséquences. — Traité de Prague. — Guerre de 1870-1871. — Wissembourg, Wœrth, Sarrebruck. — Siège de Metz. — Borny, Rezonville, Saint-Privat. — Combats de Beaumont. — Mouzon. — Bataille de Sedan. — Siège de Paris. — Capitulation de Metz. — Continuation de la guerre sur la Loire, dans le Nord et dans l'Est. — Coulmiers. — Capitulation de Paris. — Armée de l'Est. — Traité de Francfort.

GÉOGRAPHIE MILITAIRE.

1re *séance*. — Étude du globe. — Les cinq parties du monde. — Races.

Asie. — Principaux Etats de l'Asie : Perse, Inde, Chine, Japon, Russie d'Asie, possessions de la France en Asie.

Afrique. — Principaux États de l'Afrique :

Égypte, Tripoli, Tunis, Maroc, le cap de Bonne-Espérance. — Possessions françaises en Afrique sauf l'Algérie.

Amérique. — Principaux États d'Amérique : États-Unis, Mexique, Venezuela, Equateur, Brésil, Pérou, Chili, République Argentine. — Possessions françaises de la Guyane et des Antilles.

Océanie. — Australie, Malaisie, Polynésie, Nouvelle-Calédonie.

2e *séance.* — Europe : Principaux Etats de l'Europe. — Mers, fleuves, montagnes. — Etat militaire des puissances européennes.

3e *séance.* — France, frontière du Nord-Est. — Portion française des bassins de l'Escaut, de la Meuse et du Rhin. — Places fortes françaises et étrangères.

4e *séance.* — Frontière des Alpes et du Jura. — Bassin du Rhône. — Places fortes françaises et étrangères.

5e *séance.* — Frontière des Pyrénées. — Principaux passages dans les Pyrénées. — Bassins de l'Adour et de l'Aude. — Places fortes françaises et espagnoles.

6e *séance.* — Côtes de l'Océan. — Bassin de la Garonne. — Bassin de la Loire. — Ports. — Iles.

7e *séance.* — Côtes de la Manche. — Bassin de la Seine. — Bassin de la Somme. — Ports.

8e *séance.* — Côtes de la Méditerranée. — Ports. — Corse. — Algérie.

9e *séance.* — Principales lignes de chemins de fer. — Routes et voies coupant les frontières.

Paris et Limoges. — Imprimerie militaire Henri Charles-Lavauzelle.

www.ingramcontent.com/pod-product-compliance
Ingram Content Group UK Ltd.
Pitfield, Milton Keynes, MK11 3LW, UK
UKHW021949260726
13994UKWH00004B/1624